Het geslacht Röhling uit Kleinbetschkerek

Bas Roeling

Het geslacht Röhling uit Kleinbetschkerek

Genealogisch & Heraldisch Bureau S. Roeling

De tekst in deze uitgave: © Jkr. Dr. Sebastiaan Eduard Markus Roeling 2022

ISBN 978-1-4709-7843-3

NUR 680, Geschiedenis algemeen

Eerste druk, december 2022

Genealogisch & Heraldisch Bureau S. Roeling Bergschenhoek

Inhoud

1. De oorsprong van het geslacht

De oorsprong van het Roemeense geslacht Röhling ligt in het huidige Frankrijk. De eerste vrouw van stamvader Bernhard Röhling, Margaretha Bongur, overleed op 03-01-1751 te Forbach. Zijn kinderen uit het tweede huwelijk werden geboren in Gueblange. Bernhard huwde een derde maal te Vahl-Ebersing met de daar ook geboren Anna Marie Daller.

Deze drie plaatsen liggen allen nog geen 20 km van elkaar verwijderd in het Franse departement Moselle en direct aan de grens met Duitsland. In de tijd dat Bernhard daar leefde maakten deze plaatsen nog deel uit van het hertogdom Lotharingen en sprak zo'n 90% van de bevolking Duits.

Op 20 km van Vahl-Ebersing ligt het plaatsje Raville, in het verleden een Luxemburgse exclave bekend onder de Duitse naamsvariant Rollingen. Het is aannemelijk dat de geslachtsnaam van het in dit boek beschreven geslacht Röhling hier is ontstaan.

Na de dood van hertog Leopold van Lotharingen in 1729 werd hij opgevolgd door zijn zoon Frans III (de latere keizer Frans I Stefan). Deze verbleef niet in het hertogdom, maar in de Habsburgse monarchie, waar hij stadhouder van Hongarije was. Toen in 1733 de Poolse Successieoorlog uitbrak werd het hertogdom door Frankrijk bezet. Hertog Frans III huwde in 1736 met Maria Theresia, de erfgename van Oostenrijk en in 1737 overleed Gian Gastone de Medici, de groothertog van Toscane. Hierna werd Lotharingen de inzet van een ingewikkelde ruil. Op 18 november 1738 sloten Frankrijk en Oostenrijk het **Verdrag van Wenen**, waardoor er een eind kwam aan de **Poolse Successie-oorlog**. De hertog van Lotharingen stond zijn land af aan de verdreven koning van Polen en kreeg als compensatie het groothertogdom Toscane.

In 1737 werd Stanislaus Leszczyński de nieuwe hertog van Lotharingen. Stanislaus was de afgezette koning van Polen, wiens dochter met de Franse koning Lodewijk XV was getrouwd. Na een lang en zeer welvarend bewind overleed de laatste hertog van Lotharingen in 1766. Volgens een afspraak met zijn schoonzoon ging Lotharingen toen naar Frankrijk. Het werd een Franse provincie met een speciaal statuut tot aan de Franse Revolutie. Bernhard Röhling was toen echter al woonachtig in Roemenië.

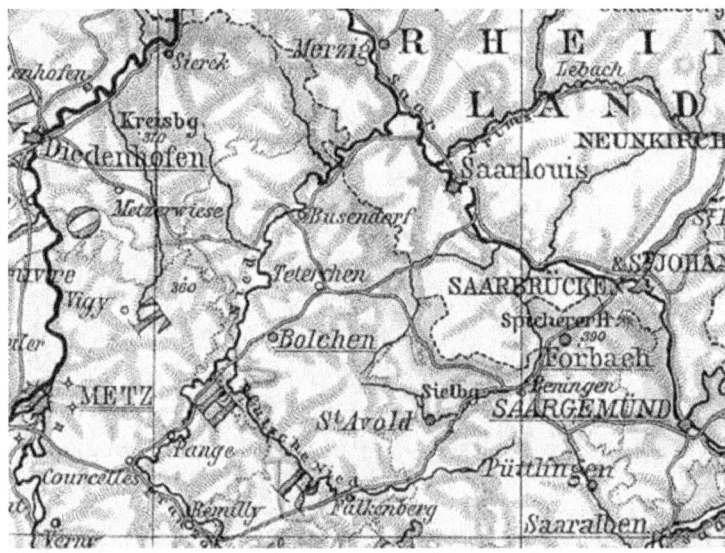

Afb. 1 Deel van een kaart uit 1905 met daarop de regio rond Forbach.

8

2. Het Banaat

Het Banaat (Banat) is een geografische en historische regio in Centraal-Europa en een belangrijk landbouwgebied. Het ligt in het tegenwoordige Roemenië, Servië (Vojvodina) en Hongarije. De regio ligt op de Pannonische vlakte en wordt begrensd door de Donau in het zuiden, de Tisza in het westen, de Mureş in het noorden en de Zuidelijke Karpaten in het oosten. In het oosten ligt het Banater Gebergte (*Munţii Banatului*), de westelijke voortzetting van de Zuidelijke Karpaten. De grootste steden in het Banaat zijn Timişoara en Reşiţa in Roemenië en Zrenjanin en Pančevo in Servië. In Hongarije is Kiszombor de grootste plaats die in het Banaat ligt.

Afb. 2 Forbach en het Banaat op de kaart van Europa.

9

De term *banaat* werd gebruikt voor een op de Balkan liggend (grens-)gebied dat werd bestuurd door een ban of *banus*, een hoge regeringsambtenaar, die fungeerde als landvoogd. In het Koninkrijk Hongarije waren er verscheidene banaten, zoals het banaat van Dalmatië, Slavonië, Bosnië en Kroatië. Deze banaten verdwenen na de Turkenoorlogen. Het hier bedoelde Banaat stond aanvankelijk bekend als het Temes-banaat. Het kreeg zijn naam van de Oostenrijkers, die het gebied in 1716 op de Turken hadden veroverd (in 1718 bezegeld door de Vrede van Passarowitz). Dit Banaat is echter nooit door een ban geregeerd.

Het Ottomaanse Rijk heeft het gebied twee eeuwen in handen gehad. In 1716 werd het Banaat door de Oostenrijkers heroverd. Het gebied had tot de Turkse inval van 1552 tot het Koninkrijk Hongarije behoord. In de 14de en 15de eeuw en ook later hadden veel Serviërs en Roemenen zich in de regio gevestigd. Op grond van naamlijsten van dorpen die schatplichtig waren aan de Turken, concluderen de meeste historici dat de Roemenen toen de meerderheid van de bevolking vormden, gevolgd door de Serviërs.

Na de herovering door Oostenrijk werd een actieve kolonisatiepolitiek opgezet met als doelen het in cultuur brengen van het land, militaire versterking van het grensgebied en verspreiding van het rooms-katholicisme.

Naast Serviërs en Roemenen kwamen er Kroaten, Bulgaren en Duitse Zwaben zich in de streek vestigen, wat het uitgesproken multi-etnische karakter van het gebied verklaart. Hongaren werden door Oostenrijk uitgesloten van kolonisatie. Het gebied stond als onderdeel van de Militärgrenze onder rechtstreeks gezag van Wenen. In

1751 kreeg het gebied onder keizerin Maria Theresia een burgerlijk bestuur: alleen een zuidelijke strook bleef tot de Militärgrenze behoren, tot de opheffing daarvan in 1781. In 1778 werd het Temes-banaat opgeheven en werd het gebied bij Hongarije gevoegd, dat destijds nog ondergeschikt was aan Oostenrijk.

In 1836 werd het Hongaars tot taal van bestuur en rechtspraak in heel toenmalig Hongarije, dus ook in het Banaat en Transsylvanië. In 1849 werd, als antwoord op de anti-Habsburgse opstand in Hongarije, binnen de Donaumonarchie het kroonland vojvodschap Servië en Temesbanaat opgericht, dat tot 1860 zou bestaan. Het omvatte behalve het Banaat ook de streek Bačka. In 1860 werd het Banaat met de opheffing van het kroonland weer rechtstreeks onderdeel van Hongarije. Het gebied zou tot de val van de Donaumonarchie onder drie comitaten vallen: Torontál in het westen, Temes in het midden en Krassó-Szörény in het oosten. De Ausgleich - het compromis - van 1867 betekende een verdere versterking van de positie van het Hongaarse koninkrijk binnen de Oostenrijk-Hongaarse Dubbelmonarchie. Het keizerrijk Oostenrijk heette voortaan Oostenrijk-Hongarije en gaf het opstandige Hongarije een gelijkwaardige plaats naast Oostenrijk, waarbij de Slavische bevolkingsgroepen en ook de Roemenen in de kou bleven staan. Ook niet-exclusief Hongaarstalige gebieden als het Banaat en Transsylvanië kwamen onder Hongaars gezag te liggen en ondergingen een zekere magyarisatiepolitiek.

Na de Eerste Wereldoorlog, wat het einde betekende van de Donaumonarchie, werden in het Banaat militaire raden opgezet door de verschillende etnische groepen die in het gebied woonden. Op 31 oktober 1918 kwamen deze raden overeen om bestuursorganen voor het Banaat op te richten. De volgende dag kwam de volksraad, waarin alle etnische groepen waren vertegenwoordigd, voor het eerst bijeen. Er werd voorgesteld om het Banaat tot een autonoom gebied om te vormen. Ondanks het feit dat dit niet werd gesteund door de Roemeense meerderheid, riep Dr. Otto Roth vanaf het balkon van het stadhuis van Timişoara de Banater Republiek uit. Roth kreeg de leiding over civiele zaken en Albert Bartha nam de hoogste militaire leiding op zich. De staat probeerde voedsel en goederen te regelen, een politiemacht op te zetten en een burgermilitie te organiseren.

In zowel binnen- als buitenland bleef erkenning van de staat uit. De Roemeense meerderheid van de bevolking wilde zich aansluiten bij het Koninkrijk Roemenië. Roemenië, Servië en Hongarije maakten aanspraak op het gebied. Op vijftien november marcheerden Servische troepen het Banaat binnen en maakten een einde aan de nieuwe republiek. Om gevechten tussen Servië en Roemenië te voorkomen stuurde Frankrijk militairen naar het Banaat. Op 21 februari 1919 werden de nationale raden ontmanteld door de Serviërs. Tijdens de Parijse vredesconferentie op 21 juni 1919 werd besloten het gebied op te delen. Roemenië kreeg 18.945 km², het Koninkrijk van Serviërs, Kroaten en Slovenen 9.307 km² (het gedeelte dat nu tot Servië behoort) en Hongarije behield 217 km². Deze verdeling werd op 4 juni 1920 bezegeld met het Verdrag van Trianon. Sindsdien zijn deze grenzen zo gebleven.

Ten tijde van de deling bestond de bevolking van het Banaat uit 600.000 Roemenen, 450.000 Duitsers, 280.000 Serviërs, 200.000 Hongaren en 150.000 leden van andere bevolkingsgroepen, waaronder Slowaken, Kroaten, Joden, Bulgaren, Roethenen en Roma.

Afb. 4 De katholieke kerk van Kleinbetschkerek.

3. Klein-Betschkerek

Het tegenwoordig in Roemenië gelegen Becicherecu Mic stond bij de Duitstalige bevolking bekend als Kleinbetschkerek of Klein-Betschkerek (in het Hongaars: Kisbecskerek). Kleinbetschkerek is een gemeente en dorp in het Roemeense district Timiş in het Banaat in het westen van Roemenië met een oppervlakte van 61,42 km².

Becicherecu Mic betekent "Klein Becicherec". "Groot Becicherec", Becicherecu Mar, ligt in Servië, en heet in het Servisch Zrenjanin.

Afb. 3 Mädchentracht in Kleinbetschkerek (1936).

Kleinbetschkerek werd in 1332 gesticht onder de naam Pescăreţ. In 1772 kolonizeerden veel rooms-katholieke Duitsers een groot deel van Becicherecu Mic. Tussen 1784-1785, arriveerden nog meer Duitse kolonisten uit Oostenrijk en Duitsland in dit dorp. Op 29-05-1810 werd de eerste steen gelegd voor de rooms-katholieke kerk. Op 17-11-1811 werd het eerste kerkfeest gevierd en werd de kerk gewijd aan de Onbevlekte Ontvangenis van Maria. Tijdens een hevige storm op 28-07-1998 stortte de toren van de kerk in en is sindsdien niet meer gerestaureerd.

In 1836 was er een pestepidemie in Kleinbetschkerek. Na de Tweede Wereldoorlog verlieten veel Duitsers het dorp vanwege een algemeen anti-Duits sentiment.

Van de 4816 inwoners in 2002 zijn 4236 Roemenen, 64 Hongaren, 93 Duitsers, 199 Roma en 224 van andere etnische groepen. Op 1 januari 2005 telde de gemeente nog slechts 2453 inwoners, waarvan 1195 mannen zijn en 1258 vrouwen zijn. Op 31 december 2004 telde de gemeente 823 huishoudens. Onderstaande figuur en tabel toont het verloop van het inwoneraantal vanaf 1880.

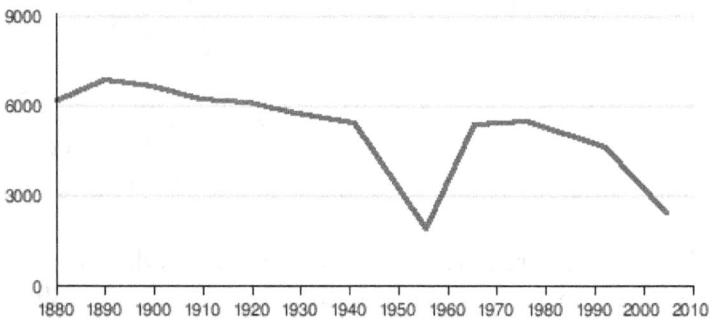

Ontwikkeling van de etnische groepen						
Jaartal	Totaal	Roemenen	Hongaren	Duitsers	Roma	Overig
1880	6122	440	27	5057	?	598
1910	6207	435	132	4886	?	754
1941	5407	472	40	4250	?	645
1977	5432	3100	57	1736	240	299
1992	4581	3877	58	187	239	220
2002	4816	4236	64	93	199	224

Bron: http://www.kia.hu

Afb. 5 De Musikkapelle van Kleinbetschkerek in 1911.
De muziekkapel werd in 1896 opgericht door Michael
Friedl en ging geregeld op tournee naar het buitenland.
In de eerste helft van de 20ste eeuw traden ze twee maal
op in Zweden en speelden onder andere voor de koning.
Ook speelden ze bijna drie jaar lang in de Verenigde
Staten (Fotoarchief E. Hent).

Afb. 6 De Kleinbetschkereker Kirchweihjugend in 1911.

Afb. 7 en 8 Kleinbetschkereker Frauentracht in 1920 (fotoarchief J. Rost).

Afb. 9 Tijdens het dorsen in 1927 (fotoarchief Bücher).

Afb. 10 Feestelijke kerkdienst op 9 augustus 1936 ter gelegenheid van 150 jaar Duitsers in Kleinbetschkerek en het 125 jarig bestaan van de katholieke kerk.

Afb. 11 Feestelijkheden op 9 augustus 1936 ter gelegenheid van 150 jaar Duitsers in Kleinbetschkerek en het 125 jarig bestaan van de katholieke kerk.

Afb. 12 Feestelijkheden op 9 augustus 1936.

Afb. 13 Feestelijkheden op 9 augustus 1936.

Afb. 14 Feestelijkheden op 9 augustus 1936.

4. Genealogie van het geslacht Röhling

1.1 **Bernhard Röhling**, geboren in circa 1747, overleden omstreeks 1790 te Sackelhausen (Sacalaz),
Roemenië. Gehuwd (1) vóór 1747 met **Margaretha (Marguerite) Bongur (Bonjour)**, geboren in circa 1719, overleden op 03-01-1751 te
Forbach, Lotharingen. Gehuwd (2) vóór 1755
met **N.N.** Gehuwd (3) vóór 1763 te Vahl-Ebersing, Lotharingen met **Anne Marie Daller**,
geboren op 01-05-1735 te Vahl-Ebersing, Lotharingen, overleden op 09-12-1800 te Sackelhausen, Roemenië.

Bernhard is de stamvader van het Roemeense
geslacht Röhling. De geslachtsnaam van Bernhard werd ook geschreven als Relli en Röli. Ge-
zien de huwelijken en de geboorteplaatsen van
de eerste kinderen is het aannemelijk dat Bernhard is geboren en opgegroeid in de regio rond
Forbach in Lotharingen.
  Bij de emigratie naar het Banaat werd de fa-
milie op 17-05-1766 te Wenen geregistreerd,
daarbij werd als voormalige woonplaats Geb-
lingen (Gueblange/Lothairngen) aangegeven.

Uit het eerste huwelijk:

1. **Anne Barbe Röhling**, geboren op 08-02-
1747 te Forbach, Lotharingen;

2. Catherine Röhling, geboren op 22-10-1748 te Forbach, Lotharingen;

Uit het eerste of tweede huwelijk:

3. Franz Röhling, mogelijk geboren in circa 1755 te Gueblange, Lotharingen, overleden op 19-07-1770 te Sackelhausen, Roemenië;

4. Johann Röhling (zie: 2.1);

5. Peter Röhling, mogelijk geboren in circ 1759 te Gueblange, Lotharingen, overleden op 25-07-1771 te Sackelhausen, Roemenië;

Uit het derde huwelijk:

6. Wilhelm Röhling, geboren op 16-06-1771 te Sackelhausen, Roemenië, overleden op 25-07-1771 te Sackelhausen, Roemenië;

7. Christina Röhling, geboren op 09-08-1772 te Sackelhausen, Roemenië.

2.1 **Johann Röhling**, mogelijk geboren in circa 1757 te Gueblange, Lotharingen, overleden op 02-02-1812 te Klein-Betschkerek, Roemenië. Zoon van Bernhard Röhling en mogelijk Margaretha Bongur (zie: 1.1). Gehuwd (1) op 07-07-1778 te Sackelhausen met **Barbara Müller**, geboren in circa 1761, overleden op 08-01-1811 te Klein-Betschkerek. Gehuwd (2) op 16-06-1811 te Klein-Betschkerek met **Katharina Kopp (Khob, Khop)**, geboren in circa 1757, overleden op 16-11-1826 te Klein-Betschkerek.

Als overlijdensdatum van Johann wordt ook wel 02-11-1812 (waarschijnlijk werd II gelezen als 11). Zijn geslachtsnaam werd ook geschreven als Reli, Relly en Rehling.

Uit het eerste huwelijk:

1. **Mathias Röhling** (zie: 3.1);
2. **Eva Röhling**, geboren op 10-03-1783 te Sackelhausen. Gehuwd op 10-02-1801 te Klein-Betschkerek met **Johann Adam Schmidt**;
3. **Adam Röhling** (zie: 3.2);
4. **Peter Röhling** (zie: 3.3);
5. **Franziska Röhling**, geboren op 30-08-1794 Sackelhausen. Gehuwd op 06-01-1814 te Klein-Betschkerek met **Nikolaus Niemerschein (Vimmershein)**;
6. **Margaretha Röhling**, geboren op 18-10-1798 te Sackelhausen. Gehuwd op 18-10-

1818 te Klein-Betschkerek met **Johann Pfeiffer (Pfeifer)**;

7. **Katharina Röhling**, geboren op 29-03-1801 te Sackelhausen. Gehuwd (1) op 30-01-1820 te Klein-Betschkerek met **Mathias Ollinger (Olinger)**. Gehuwd (2) op 29-04-1824 te Klein-Betschkerek met **Simon Maschek (Massek, Marscek)**. Gehuwd (3) op 20-01-1829 te Klein-Betschkerek met **Anton Wolf**.

3.1 **Mathias Röhling**, geboren op 18-11-1779 te Sackelhausen, overleden op 15-11-1835 te Klein-Betschkerek. Zoon van Johann Röhling en Barbara Müller (zie: 2.1). Gehuwd op 18-02-1800 te Sackelhausen met **Katharina Paul (Paulus, Pauli)**, geboren op 27-03-1785 te Sackelhausen, overleden op 04-04-1836 te Klein-Betschkerek. Dochter van **Peter Paulus** en **Katharina Stutz**.

De geslachtsnaam van Mathias werd ook wel geschreven als Reli, Rely, Röhli en Rölling.

Uit dit huwelijk:

1. **Peter Röhling**, geboren op 21-11-1801 te Sackelhausen, overleden op 02-05-1805 te Sackelhausen;
2. **Adam Röhling**, geboren op 13-11-1803 te Sackelhausen, overleden op 19-05-1807 te Klein-Betschkerek;
3. **Barbara Röhling**, geboren op 29-12-1805 te Klein-Betschkerek, overleden op 26-01-1806 te Klein-Betschkerek;
4. **Barbara Röhling**, geboren op 18-03-1807 te Klein-Betschkerek. Gehuwd op 24-11-1822 te Klein-Betschkerek met **Franz Egler (Igler)**;
5. **Margaretha Röhling**, geboren op 17-06-1809 te Klein-Betschkerek, overleden in 1847. Gehuwd (1) op 17-01-1826 te Klein-Betschkerek met **Albert Peter Welz (Walz)**,

26

geboren op 24-02-1804 te Klein-Betschkerek. Gehuwd (2) op 18-05-1846 te Klein-Betschkerek met **Daniel Schakmann**, geboren op 24-10-1823 te Klein-Betschkerek;

6. **Georg Röhling** (zie: 4.1);
7. **Anna Maria Röhling**, geboren op 06-06-1814 te Klein-Betschkerek, overleden op 20-03-1815 te Klein-Betschkerek;
8. **Josef Röhling**, geboren op 15-05-1816 te Klein-Betschkerek, overleden op 09-01-1834 te Klein-Betschkerek;
9. **Katharina Röhling**, geboren op 06-02-1819 te Klein-Betschkerek. Gehuwd (1) op 28-01-1834 te Klein-Betschkerek met **Josef Kaiser (Kayser, Keiser)**. Gehuwd (2) op 28-11-1843 te Klein-Betschkerek met **Franz Miskovsky (Mishkovzky)**. Gehuwd (3) op 16-10-1845 te Klein-Betschkerek met **Josef Miskovsky (Mishkovzky)**.

3.2 **Adam Röhling**, geboren op 05-05-1787 te Sackelhausen. Zoon van Johann Röhling en Barbara Müller (zie: 2.1). Gehuwd op 28-10-1805 te Groß-Jetscha met **Angela Steuer (Steyer, Steur, Steür)**. Dochter van **Jakob Steür** en **Carolina Franziska Gilliom**.

De geslachtsnaam van Adam werd ook wel geschreven als Reli, Relay en Röling.

Uit dit huwelijk:

1. **Sebastian Röhling**, geboren op 18-08-1806 te Groß-Jetscha;
2. **Josef Röhling** (zie: 4.2);
3. **Veronika Röhling**, geboren op 01-10-1811 te Klein-Betschkerek;
4. **Margaretha Röhling**, geboren op 14-09-1813 te Klein-Betschkerek, overleden op 29-11-1868 te Klein-Jetscha. Gehuwd (1) op 03-07-1843 te Groß-Jetscha met **Peter Kafka**, geboren te Grabatz. Gehuwd (2) op 16-05-1861 te Klein-Jetscha met **Josef Mathis (Mathes)**.

3.3 **Peter Röhling**, geboren op 23-09-1791 te Sackelhausen, overleden op 27-04-1854 te Deutschbentschek. Zoon van Johann Röhling en Barbara Müller (zie: 2.1). Gehuwd (1) op 05-02-1809 te Klein-Betschkerek met **Margaretha Heinrich (Heinrik, Henrich, Hanes)**, geboren op 19-03-1792 te Klein-Betschkerek, overleden op 23-11-1839 te Klein-Betschkerek. Dochter van **Peter Heinrich (Henrich, Heinrik, Hainrik)** en **Barbara Schummer (Schomer)**. Gehuwd (2) op 07-01-1840 te Klein-Betschkerek met **Magdalena Kungel (Kundler, Kundl, Kungl)**, geboren op 25-10-1794 te Sackelhausen, overleden op 18-08-1851 te Klein-Betschkerek, dochter van **Konrad Kungel** en **Elisabetha Katharina Ebert**.

De geslachtsnaam van Peter werd ook wel geschreven als Reli, Reling, Rehring en Rölling.

Uit het eerste huwelijk:

1. **Johann Röhling** (zie: 4.3);
2. **Margaretha Röhling**, geboren op 21-07-1814 te Klein-Betschkerek. Gehuwd op 07-02-1836 te Klein-Betschkerek met **Anton Kurtz (Kurz, Kurcs, Khurtz)**;
3. **Peter Röhling**, geboren op 02-08-1817 te Klein-Betschkerek, overleden op 06-02-1835 te Klein-Betschkerek;
4. **Katharina Röhling**, geboren op 17-04-1820 te Klein-Betschkerek, overleden op 25-03-1831 te Knees;
5. **Adam Röhling**, geboren op 03-02-1823 te Klein-Betschkerek, overleden op 08-03-1825 te Klein-Betschkerek;
6. **Margaretha Röhling**, geboren op 01-12-1825 te Klein-Betschkerek. Gehuwd op 13-01-1845 te Klein-Betschkerek met **Lorenz Jost (Joszt, Juszt, Just)**;
7. **Johann Röhling**, geboren op 13-03-1829 te Klein-Betschkerek, overleden op 30-04-1835 te Klein-Betschkerek;
8. **Veronika Röhling**, geboren op 22-10-1832 te Klein-Betschkerek, overleden op 11-03-1833 te Klein-Betschkerek;

9. **Nikolaus Röhling**, geboren op 25-03-1834 te Klein-Betschkerek, overleden op 27-02-1838 te Klein-Betschkerek.

4.1 **Georg Röhling**, geboren op 10-02-1812 te Klein-Betschkerek, overleden op 07-05-1843 te Klein-Betschkerek. Zoon van Mathias Röhling en Katharina Paul (zie: 3.1). Gehuwd op 18-01-1831 te Klein-Betschkerek met **Magdalena Rech (Röck)**, geboren op 12-06-1813 te Klein-Betschkerek, overleden op 07-09-1893 te Klein-Betschkerek. Dochter van **Johann Rech (Rök, Röch)** en **Elisabeth Bayer (Bajer, Beier, Pajer)**.

De geslachtsnaam van Georg werd ook wel geschreven als Relin, Röling en Rölling.

Uit dit huwelijk:

1. **Gertrud Röhling**, geboren op 26-05-1833 te Klein-Betschkerek, overleden op 01-06-1833 te Klein-Betschkerek;
2. **Peter Röhling** (zie: 5.1);
3. **Elisabeth Röhling**, geboren op 13-08-1836 te Klein-Betschkerek, overleden op 27-03-1838 te Klein-Betschkerek;
4. **Gertrud Röhling**, geboren op 01-06-1839 te Klein-Betschkerek, overleden op 03-10-1842 te Klein-Betschkerek;
5. **Katharina Röhling**, geboren op 27-01-1842 te Klein-Betschkerek, overleden op 21-08-1842 te Klein-Betschkerek.

4.2 **Josef Röhling**, geboren op 23-09-1809 te Groß-Jetscha, overleden in circa 1833. Zoon van Adam Röhling en Angela Steuer (zie: 3.2). Gehuwd op 05-02-1833 te Klein-Betschkerek met **Elisabeth Felden (Feld, Felder)**, geboren op 29-04-1815 te Sackel-hausen, overleden op 19-05-1851 te Klein-Betsch-kerek. Dochter van **Josef Felden** en **Anna Maria Müller**.

De geslachtsnaam van Josef werd ook wel geschreven als Reli, Reling en Rölling.

4.3 **Johann Röhling**, geboren op 11-01-1812 te Klein-Betschkerek, overleden op 21-11-1834 te Klein-Betschkerek. Zoon van Peter Röhling en Margaretha Heinrich (zie: 3.3). Gehuwd op 02-02-1833 te Klein-Betschkerek met **Veronika Spindler**, geboren op 26-12-1811 te Klein-Betschkerek, overleden op 25-02-1851 te Klein-Betschkerek. Dochter van **Klemens Spindler** en **Margaretha Zacharias**.

De geslachtsnaam van Johann werd ook wel geschreven als Rellich, Rölling en Röling.

5.1 **Peter Röhling**, geboren op 01-08-1834 te Klein-Betschkerek, overleden op 15-12-1911 te Klein-Betschkerek. Zoon van Georg Röhling en Magdalena Rech (zie: 4.1). Gehuwd (1) op 18-01-1853 te Klein-Betschkerek met **Elisabeth Schibinger (Schivinger, Sibinger)**, geboren op 18-08-1834 te Klein-Betschkerek, overleden op 19-03-1900 te Klein-Betschkerek. Dochter van **Josef Schibinger** en **Anna Maria Kropp (Krop)**. Gehuwd (2) op 06-05-1901 te Klein-Betschkerek met **Katharina Filippi (Philippi)**, geboren op 07-07-1838 te Billed, Banaat, overleden op 07-06-1912 te Klein-Betschkerek. Dochter van **Johann Filippi (Philippi)** en **Barbara Metzger**.

Uit het eerste huwelijk:

1. **Michael Röhling** (zie: 6.1);
2. **Johann Röhling**, geboren op 05-12-1855 te Klein-Betschkerek, overleden op 04-08-1856 te Klein-Betschkerek;
3. **Eva Röhling**, geboren op 15-05-1857 te Klein-Betschkerek. Gehuwd (1) op 19-10-1875 te Klein-Betschkerek met **Jakob Picher**. Gehuwd (2) op 07-06-1891 te Klein-Betschkerek met **Josef Quint**;
4. **Peter Röhling** (zie: 6.2);
5. **Barbara Röhling**, geboren op 21-10-1860 te Klein-Betschkerek, overleden op 09-02-1865 te Klein-Betschkerek;

6. **Gertrud Röhling**, geboren op 11-02-1863 te Klein-Betschkerek, overleden op 30-04-1865 te Klein-Betschkerek;
7. **Mathias Röhling** (zie: 6.3);
8. **Gertrud Röhling**, geboren op 03-10-1867 te Klein-Betschkerek, overleden op 01-10-1870 te Klein-Betschkerek;
9. **Gertrud Röhling**, geboren op 31-01-1872 te Klein-Betschkerek, overleden op 02-06-1872 te Klein-Betschkerek;
10. **Konstantine Röhling**, geboren op 27-06-1873 te Klein-Betschkerek. Gehuwd op 29-06-1891 te Klein-Betschkerek met **Peter Brescher**;
11. **Franz Röhling**, geboren op 17-03-1879 te Klein-Betschkerek, overleden op 15-12-1951 te Knees, Banaat.

6.1 **Michael Röhling**, geboren op 13-02-1854 te Klein-Betschkerek, overleden op 06-05-1936 te Klein-Betschkerek. Zoon van Peter Röhling en Elisabeth Schibinger (zie: 5.1). Gehuwd op 29-01-1879 te Klein-Betschkerek met **Katharina Stefan (Stephan)**, geboren op 18-09-1860 te Klein-Betschkerek, overleden op 16-07-1944 te Klein-Betschkerek. Dochter van **Franz Stefan** en **Anna Maria Schäfer (Schöfer, Schäffer)**.

Uit dit huwelijk:

1. **Gertrud Röhling**, geboren op 22-08-1879 te Klein-Betschkerek. Gehuwd op 05-02-1901 te Klein-Betschkerek met **Georg Brescher**;
2. **Eva Röhling**, geboren op 02-09-1881 te Klein-Betschkerek. Gehuwd op 27-01-1907 te Klein-Betschkerek met **Adam Bittner**;
3. **Margaretha Röhling**, geboren op 10-10-1883 te Klein-Betschkerek, overleden op 10-03-1884 te Klein-Betschkerek;
4. **Katharina Röhling**, geboren op 13-02-1885 te Klein-Betschkerek, overleden op 18-12-1886 te Klein-Betschkerek;
5. **Konstantine Röhling**, geboren op 08-11-1886 te Klein-Betschkerek. Gehuwd op 07-11-1910 te Klein-Betschkerek met **Mathias Kaiser**;
6. **Michael Röhling**, geboren op 20-11-1888 te Klein-Betschkerek, overleden op 22-11-1912 te Klein-Betschkerek;

7. **Mathias Röhling**, geboren op 02-03-1891 te Klein-Betschkerek, overleden op 12-12-1891 te Klein-Betschkerek;
8. **Margaretha Röhling**, geboren op 15-11-1892 te Klein-Betschkerek, overleden op 21-11-1912 te Klein-Betschkerek;
9. **Anna Röhling**, geboren op 27-01-1895 te Klein-Betschkerek, overleden op 09-02-1895 te Klein-Betschkerek;
10. **Peter Röhling** (zie: 7.1);
11. **Susanna Röhling**, geboren op 08-03-1899 te Klein-Betschkerek. Gehuwd op 28-10-1920 te Klein-Betschkerek met **Konrad Eichert**.

6.2 **Peter Röhling**, geboren op 19-12-1858 te Klein-Betschkerek, overleden op 13-02-1947 te Klein-Betschkerek. Zoon van Peter Röhling en Elisabeth Schibinger (zie: 5.1). Gehuwd op 05-07-1883 te Klein-Betschkerek met **Katharina Paulus**, geboren op 01-12-1863 te Billed, Banaat, overleden op 07-07-1941 te Klein-Betschkerek. Dochter van **Josef Paulus** en **Elisabeth Billinger**.

Uit dit huwelijk:

1. **Katharina Röhling**, geboren op 28-06-1885 te Klein-Betschkerek. Gehuwd op 10-05-1904 te Klein-Betschkerek met **Nikolaus Slavik (Szlavik)**;

36

2. **Eva Röhling**, geboren op 14-12-1888 te Klein-Betschkerek. Gehuwd op 10-10-1909 te Klein-Betschkerek met **Robert Sommer**;
3. **Elisabeth Röhling**, geboren op 26-07-1893 te Klein-Betschkerek. Gehuwd op 08-11-1910 te Klein-Betschkerek met **Josef Molitor**;
4. **Barbara Röhling**, geboren op 02-12-1895 te Klein-Betschkerek. Gehuwd (1) op 09-06-1912 te Klein-Betschkerek met **Mathias Majer**. Gehuwd (2) op 08-02-1925 te Klein-Betschkerek met **Thomas Lauer**;
5. **Peter Röhling** (zie: 7.2);
6. **Mathias Röhling**, geboren op 19-02-1902 te Klein-Betschkerek, overleden op 05-07-1903 te Klein-Betschkerek.

6.3 **Mathias Röhling**, geboren op 12-03-1865 te Klein-Betschkerek, overleden op 07-01-1940 te Klein-Betschkerek. Zoon van Peter Röhling en Elisabeth Schibinger (zie: 5.1). Gehuwd op 04-03-1889 te Klein-Betschkerek met **Elisabeth Schibinger (Schivinger)**, geboren op 20-06-1868 te Klein-Betschkerek, overleden op 14-10-1921 te Klein-Betschkerek. Dochter van **Peter Schibinger** en **Magdalena Wilhelm**.

Mathias voer met de SS Amerika van de Hamburg America Line van Hamburg naar de Verenigde Staten. Het schip arriveerde op zondag 8 december 1907 in New York. Bij aankomst gaf Mathias aan dat hij van plan was door te reizen naar Philadelphia. Bij zijn registratie werd vermeld: "Born in Kl Betschkerek. Wife, Elisabeth Rohling, lives in Kl Betschkerek. Going to join bro-in-law, Michael Schmidt."

Uit dit huwelijk:

1. **Michael Röhling**, geboren op 12-08-1890 te Klein-Betschkerek, overleden op 24-08-1890 te Klein-Betschkerek;
2. **Susanna Röhling**, geboren op 30-07-1891 te Klein-Betschkerek, overleden op 05-08-1891 te Klein-Betschkerek;
3. **Mathias Röhling**, geboren op 11-07-1892 te Klein-Betschkerek, overleden op 17-07-1892 te Klein-Betschkerek;
4. **Eva Röhling**, geboren op 14-08-1893 te Klein-Betschkerek, overleden op 27-02-1975 te Augsburg. Gehuwd in 1913 te Hodon met **Johann (Hans) Ballinger**, geboren op 06-09-1890 te Hodon. Samen kregen zij drie dochters waaronder **Maria Ballinger**, gehuwd met een zekere **Mager**;
5. **Elisabeth Röhling**, geboren op 22-12-1894 te Klein-Betschkerek. Gehuwd op 05-10-1919 te Klein-Betschkerek met **Josef Schwengler**;
6. **Franz Röhling**, geboren op 13-09-1896 te Klein-Betschkerek, overleden op 17-11-1896 te Klein-Betschkerek;

7. **Johann Röhling**, geboren 11-02-1898 te Klein-Betschkerek, overleden op 17-01-1899 te Klein-Betschkerek;
8. **Susanna Röhling**, geboren op 28-12-1899 te Klein-Betschkerek, overleden op 15-09-1900 te Klein-Betschkerek;
9. **Katharina Röhling**, geboren op 30-08-1901 te Klein-Betschkerek, overleden op 20-02-1980 te Marktl-Inn, Duitsland. Gehuwd op 01-03-1922 te Knees met **Peter Weber**, geboren op 27-11-1902 te Hodon;
10. **Josef Röhling**, geboren op 15-12-1902 te Klein-Betschkerek, overleden op 21-08-1903 te Klein-Betschkerek;
11. **Josef Röhling**, geboren op 02-08-1904 te Klein-Betschkerek, overleden op 03-01-1905 te Klein-Betschkerek;
12. **Michael Röhling**, geboren op 28-12-1906 te Klein-Betschkerek. Gehuwd op 18-04-1931 te Klein-Betschkerek met **Magdalena Jung**.

Afb. 15 Eva Röhling, dochter van Mathias Röhling en Elisabeth Schibinger.

39

Afb. 16 De boerenfamilie Röhling bij de druivenoogst in 1910 (Fotoarchief E. Hent).

Afb. 17 De SS Amerika in 1905 (later in beslag geno-men en omgedoopt tot USS America om van 1917 tot 1919 ingezet te worden voor U.S. Army Transport). Dit schip verstuurde op 14 april 1912 een bericht over ijs-bergen op de plaats waar minder dan drie uur later de RMS Titanic zou zinken.

7.1   **Peter Röhling**, geboren op 16-09-1896 te Klein-Betschkerek, overleden op 16-04-1979 te Perjamosch, Banat. Zoon van Michael Röhling en Katharina Stefan (zie: 6.1). Gehuwd op 04-05-1922 te Mercydorf, Banat, met **Katharina Nagram (Nachram)**, geboren op 19-04-1899 te Mercydorf, Banat, overleden op 28-11-1970 te Perjamosch, Banat. Dochter van **Adam Nagram** en **Elisabeth Kraus**.

7.2   **Peter Röhling**, geboren op 08-11-1897 te Klein-Betschkerek, overleden op 30-12-1920 te Klein-Betschkerek. Zoon van Peter Röhling en Katharina Paulus (zie: 6.2). Gehuwd op 06-11-1919 te Klein-Betschkerek met **Barbara Bieber (Biewer)**, geboren op 15-05-1901 te Klein-Betschkerek, overleden op 02-12-1928 te Knees, Banat. Dochter van **Peter Bieber (Biever)** en **Margaretha Rieszele**.

Bronvermelding

Fotoarchief J. Rost.

Fotoarchief E. Hent.

Fotoarchief Bücher.

Emigration from Banat in the National Archives Ship Records Extractions by David Dreyer - of San Mateo, California, 2000-2007. Laatste update 27-07-2013.

Encarta- Encyclopedie (1933 – 2002) s.v. Lotharingen.

Genealogie Karin Mager, http://www.mager-web.de/mainpage.php, 28-03-2010.

https://www.myheritage.nl/names/margaretha_rohling

https://www.geni.com/people/Gertrud-R%C3%B6hling/6000000037365396029

https://en.wikipedia.org/wiki/USS_America_(ID-3006)

https://www.myheritage.nl/names/eva_ballinger

http://genealogie.ott.fr/genatoile/pag673.html#128

http://home.arcor.de/klein-betschkerek/Familienbuch_KB/Namen_A-Z/R/Roehling.HTM

http://www.kleinbetschkerek.de/Kath._Kirche_Kleinbet schkerek.htm

http://www.kleinbetschkerek.de/Abwanderungslisten.ht m

http://www.kleinbetschkerek.de/geschichte.htm

http://www.prospekt-online.nl/prosabl/ablak/artikelen2004/banat_apr.html

http://www.genealogy.ro/cont/13.htm

https://nl.wikipedia.org/wiki/Hertogdom_Opper-Lotharingen

http://www.kia.hu